HPS 1674

MARK-ANTHONY TURNAGE

SHADOW WALKER

AFTER MARK WALLINGER

DOUBLE CONCERTO FOR TWO VIOLINS & ORCHESTRA

BOOSEY & HAWKES

Boosey & Hawkes Music Publishers Ltd
www.boosey.com

Published by Boosey & Hawkes Music Publishers Ltd
Aldwych House
71–91 Aldwych
London
WC2B 4HN

www.boosey.com

ISMN 979-0-060-13680-1
ISBN 978-1-78454-568-0
HPS 1674

First impression 2022

Printed by Halstan:
Halstan UK, 2–10 Plantation Road, Amersham, Bucks, HP6 6HJ. United Kingdom
Halstan DE, Weißliliengasse 4, 55116 Mainz. Germany

Music setting derived from the composer's original by Robin Hagues

Jointly commissioned by Borusan Istanbul Philharmonic Orchestra,
Philharmonie Essen and the Trans-Siberian Art Festival

This work was first performed on 19 October 2017 at the
Lutfi Kirdar International Convention and Exhibition Centre, Istanbul,
by Daniel Hope and Vadim Repin (violins) with the
Borusan Istanbul Philharmonic Orchestra, conducted by Sascha Goetzel

First recording: ONYX 4188 with the same performers

Instrumentation

3 Flutes (3rd doubling Piccolo)
2 Oboes
Cor Anglais
2 Clarinets in B♭
Bass Clarinet
2 Bassoons
Contrabassoon
4 Horns in F
3 Trumpets in C
3 Trombones
Tuba
Timpani
*Percussion (5)
Strings

* crotales, xylophone, marimba, vibraphone, almglocken,
kasik (or spoons), davul (or tenor drum), bass darbuka (or bass drum), bass drum, gong

Score in C

Duration: 25 minutes

Orchestral performance materials on hire

for Mark Wallinger

SHADOW WALKER

MARK-ANTHONY TURNAGE

9
Fl 1.2
Picc 3
Ob 1.2
C Ang
Cl 1.2 (B♭)
Bass Cl
Bsn 1.2
Cbn
1.3
Hn (F)
2.4
Tpt 1.2 (C)
Tbne 1
Tuba
Perc
Crot
Xyl
Mar
Vib
no pedal
Solo Vl 1
Solo Vl 2
Vl I
Vl II
Vla
Vc
Db
(a 2) ord
(a 2)
a 2
(pizz)
arco
div

17
Fl 1.2
Picc 3
Ob 1.2
C Ang
Cl 1.2 (B♭)
Bass Cl
Bsn 1.2
Cbn
Hn (F)
Tpt 1.2 (C)
Tbne
Tuba
Timp
Perc
Solo Vl 1
Solo Vl 2
Vl I
Vl II div
Vla
Vc
Db
(a 2)
fltr
ord
muted (straight)
Crot
Mar
Vib
pizz
unis
(arco)
div

24
Fl 1.2
(a 2)
ff
Picc 3
fltr
ff
Ob 1.2
(a 2)
ff
C Ang
ff
Cl 1.2 (B♭)
f
a 2
ff
Bass Cl
Bsn 1.2
f
pp
f
Cbn
f
pp
ff
1.3
Hn (F)
2.4
(a 2)
f
a 2
ff
1.2
Tpt (C)
3
a 2
f
1.2
Tbne
3
(muted)
f
p
1 open
open
Tuba
mf
ff
Timp
f
p
Crot
Mar
Vib
1
Perc 3
4
Solo Vl 1
Solo Vl 2
mf
p
ff
Vl I
Vl II div
Vla
Vc div
Db
arco
ffp
div
div (pizz)
unis
(pizz)

31
(a 2)
Fl 1.2
Picc 3
Ob 1.2
C Ang
Cl 1.2 (B♭)
Cbn
Hn (F)
1.3
2.4
Tpt (C)
1.2
3
Tbne
1
3
Tuba
Timp
Perc
1
2
3
4
Crot
Xyl
Mar
Vib
Vl I
Vl II div
pizz
Vla
unis
Vc
Db

38
(a 2)
Fl 1.2
(2.2.3)
(fltr)
Picc 3
ff
Ob 1.2
C Ang
Cl 1.2 (B♭)
Bass Cl
Bsn 1.2
pp
Cbn
1.3
Hn (F)
2.4
1.2
Tpt (C)
3
1
Tbne
3
Tuba
Timp
Crot
Xyl
Perc
Mar
Vib
Solo Vl 1
Solo Vl 2
f
ff
Vl I
pizz
ffp
Vl II
unis
arco
Vla
Vc
Db
div
pizz
mp

44
Ob 1.2
Cl 1.2 (B♭)
Bass Cl
Bsn 1.2
Cbn
Timp
Perc 3
Mar
Solo Vl 1
Solo Vl 2
Vla
Vc
Db div
(pizz)
div
(2.2.3)
(2.2.3)
50
Fl 1.2
(a 2)
Picc 3
Ob 1.2
C Ang
Cl 1.2 (B♭)
Bsn 1.2
Xyl
Mar
Vib
Perc 3
pp pedal each chord
Solo Vl 1
Solo Vl 2
Vla
Vc div
Db

56
♩ = 120
Fl 1.2
Picc 3
Ob 1.2
C Ang
Cl 1.2 (B♭)
Bsn 1.2
1.3
Hn (F)
2.4
Perc
Crot
Xyl
Mar
Vib
Solo Vl 1
Solo Vl 2
♩ = 120
Vl I
Vl II
Vla
Vc
Db
(a 2)
fltr
ord
a 2
a 2 fltr
arco
div
(pizz)
pizz
unis
pizz
unis
(pizz)
div

Fl 1.2
Picc 3
Cl (B♭)
Bsn
Solo Vl 1
Solo Vl 2
Vl I
Vl II
Vla
Vc div
Db
pizz
arco
(pizz)
unis
(2.3)

86
Cl (B♭)
Solo Vl 1
Solo Vl 2
Vl I
Vl II
Vla
Vc
Db
(pizz)
96
Fl 1.2
Picc 3
Ob 1.2
Cl 1.2 (B♭)
Bass Cl
Bsn 1.2
Hn 1.3 (F)
Tpt 1–3 (C)
Tbne 1–3
Tuba
Timp
Perc 3
Mar
a 2
muted (straight)
div in 3
pizz
div
unis
arco

104
Fl 1.2
Picc 3
Ob 1.2
C Ang
Cl 1.2 (B♭)
Bass Cl
Bsn 1.2
Tpt 1–3 (C)
Tbne 1–3
Tuba
Timp
Perc 3
Solo Vl 1
Solo Vl 2
Vl I
Vl II
Vla
Vc
Db div
(a 2)
a 2
(muted)
1.2
Mar
(pizz)
arco
pizz
unis
div
mf
ff
p sub
p
fp
f
mp

115
Fl 1.2
Picc 3
Ob 1.2
Cl 1.2 (B♭)
Bass Cl
Bsn 1.2
a 2
Tpt 1–3 (C)
(muted)
Tbne 1.2
(muted)
Tuba
(muted)
Timp
Perc 3
Mar
Solo Vl 1
Solo Vl 2
Vl I
Vl II
Vla
(pizz)
Vc
(pizz)
div
unis
Db
(pizz)
div
unis

125
Fl 1.2
Picc 3
Ob 1.2
C Ang
Cl 1.2 (B♭)
Bass Cl
Bsn 1.2
Hn (F) 1.3 2.4
Tpt 1–3 (C)
Tbne 1–3
Tuba
Timp
Perc 3
Mar
Solo Vl 1
Solo Vl 2
Vl I
Vl II
Vla
Vc
Db
a 2
(muted)
1.2
1–3
div
pizz
(pizz)
unis

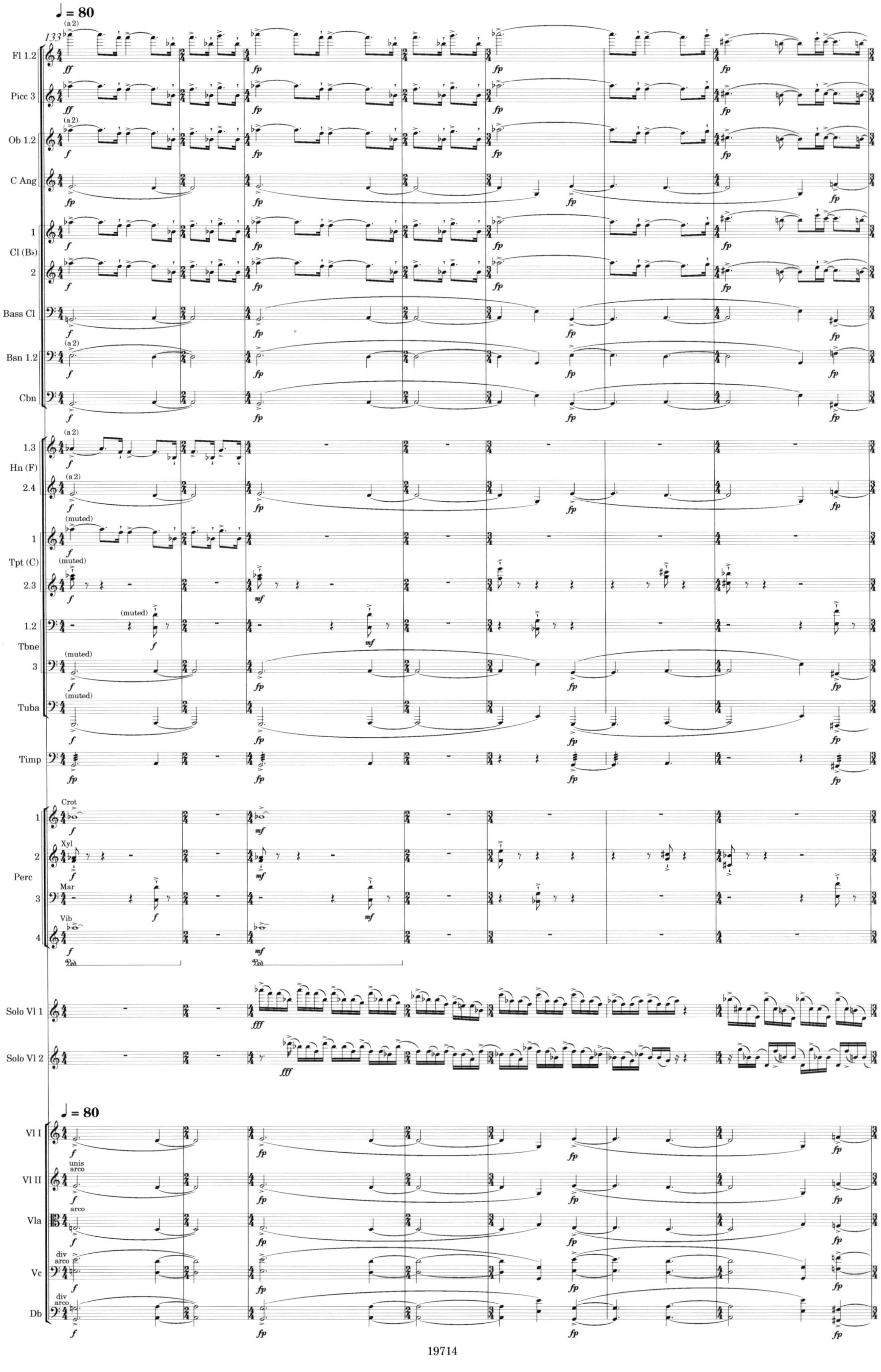
♩ = 80
133
Fl 1.2
Picc 3
Ob 1.2
C Ang
Cl (B♭) 1 2
Bass Cl
Bsn 1.2
Cbn
Hn (F) 1.3 2.4
Tpt (C) 1 2.3
Tbne 1.2 3
Tuba
Timp
Perc 1 2 3 4
(a 2)
(muted)
Crot
Xyl
Mar
Vib
Solo Vl 1
Solo Vl 2
♩ = 80
Vl I
Vl II
Vla
Vc
Db
unis
arco
div

140
Fl 1.2
Picc 3
Ob 1.2
C Ang
Cl (B♭)
Bass Cl
Bsn 1.2
Cbn
Hn (F)
Tpt (C)
Tbne
Tuba
Timp
Perc
Crot
Xyl
Mar
Vib
Solo Vl 1
Solo Vl 2
Vl I
Vl II
Vla
Vc div
Db div
(a 2)
(muted)
div
unis

147
Fl 1.2
Picc 3
Ob 1.2
Cl (B♭) 1
Cl (B♭) 2
Bass Cl
Bsn 1.2
Cbn
Hn (F) 1.3
Hn (F) 2.4
Tpt 1–3 (C)
Tbne 1.2
Tuba
Timp
Perc 1
Perc 2
Perc 3
Perc 4
Solo Vl 1
Solo Vl 2
Vl I
Vl II
Vla
Vc div
Db
(a 2)
molto
ff
take Fl
pp
(muted)
f
Crot
Xyl
Mar
Vib
mp
mf
div in 4
pizz
p
div

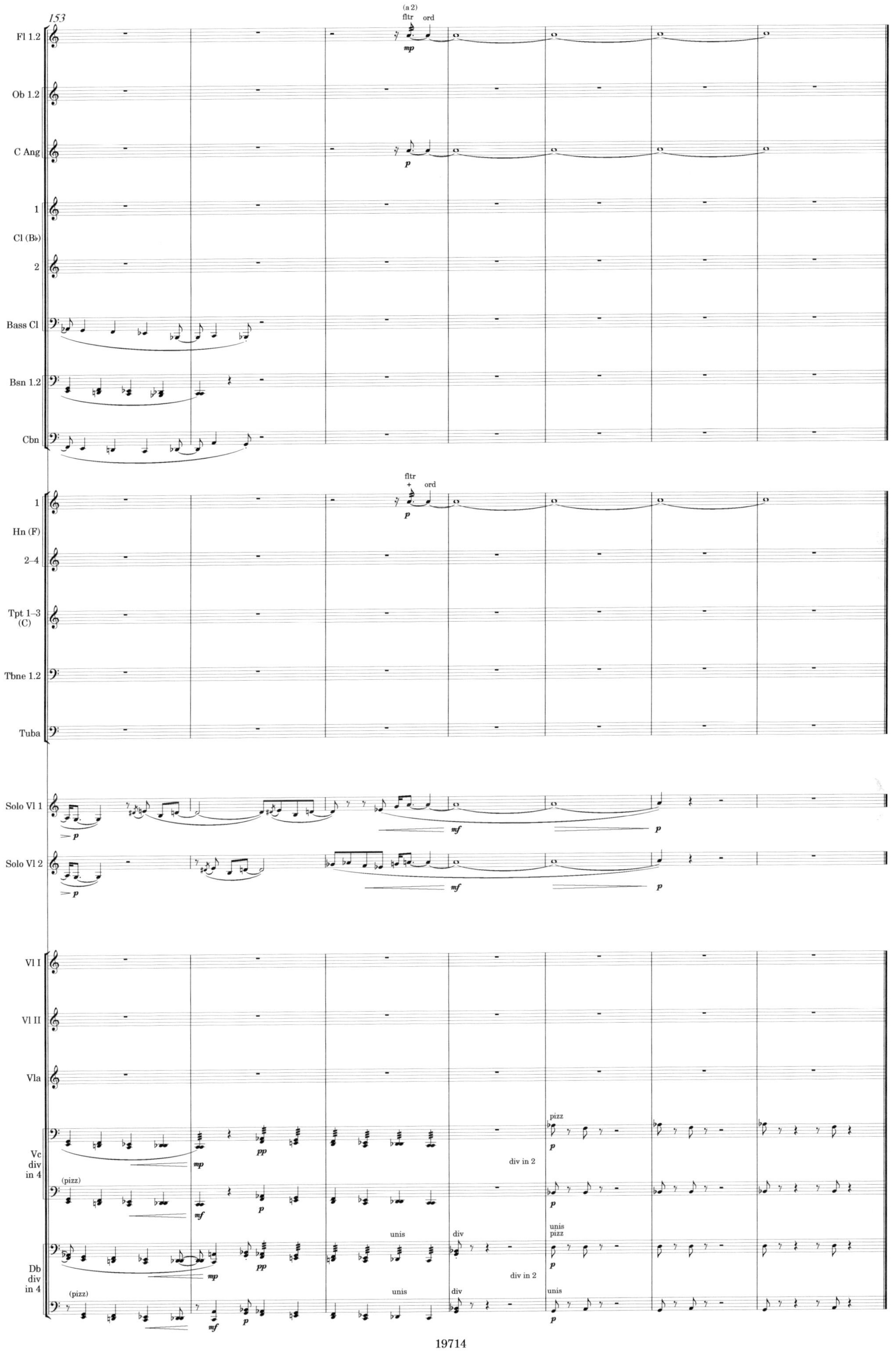
153
Fl 1.2
(a 2)
fltr
ord
mp
Ob 1.2
C Ang
p
1
Cl (B♭)
2
Bass Cl
Bsn 1.2
Cbn
fltr
+
ord
p
1
Hn (F)
2–4
Tpt 1–3
(C)
Tbne 1.2
Tuba
Solo Vl 1
p
mf
p
Solo Vl 2
p
mf
p
Vl I
Vl II
Vla
pizz
mp
pp
p
div in 2
Vc
div
in 4
(pizz)
mf
p
p
unis
div
unis
pizz
mp
pp
p
div in 2
Db
div
in 4
(pizz)
unis
div
unis
mf
p
p

2

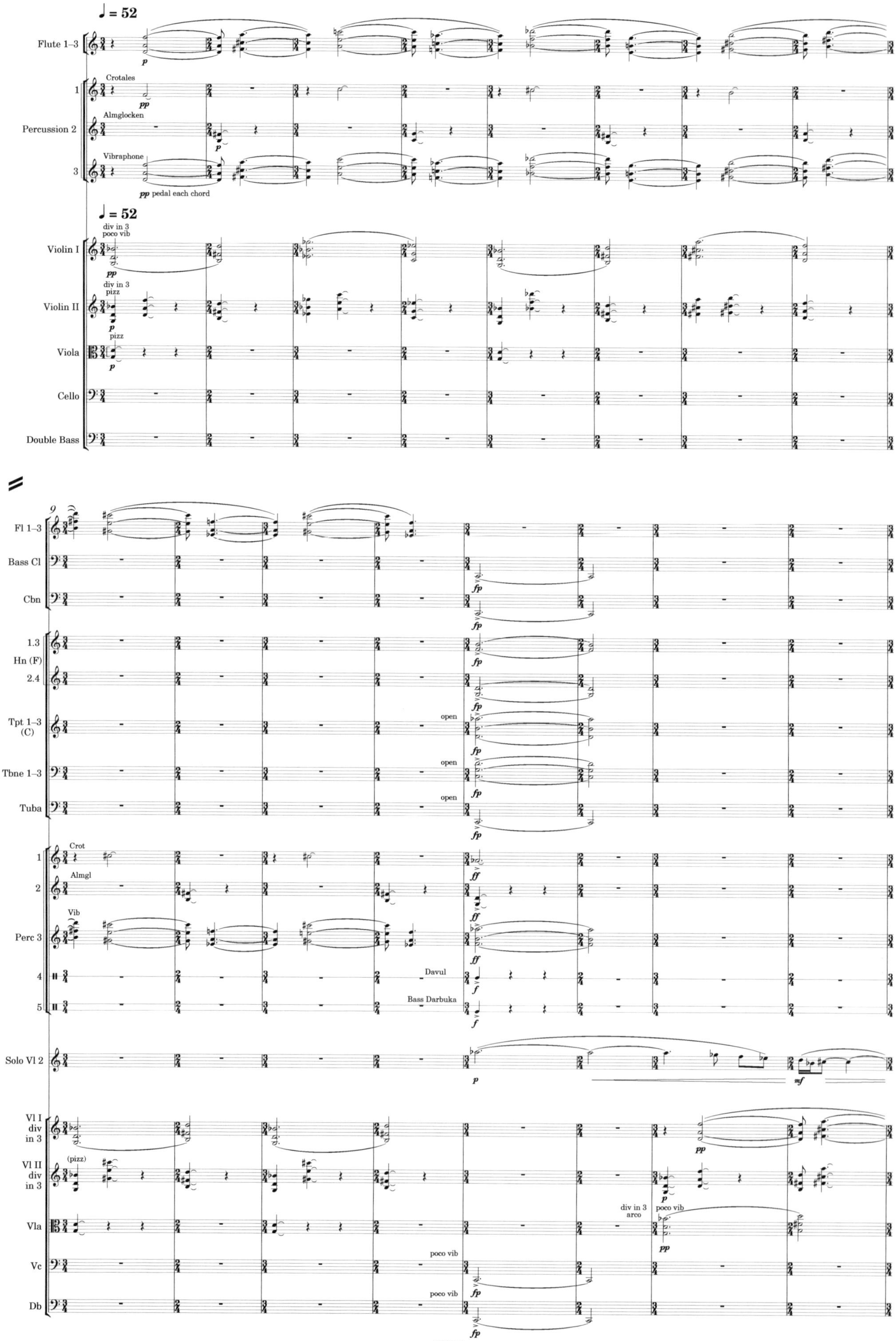
♩ = 52
Flute 1–3
Crotales
Percussion 2
Almglocken
Vibraphone
pp pedal each chord
♩ = 52
div in 3
poco vib
Violin I
div in 3
pizz
Violin II
pizz
Viola
Cello
Double Bass
9
Fl 1–3
Bass Cl
Cbn
1.3
Hn (F)
2.4
Tpt 1–3 (C)
open
Tbne 1–3
open
Tuba
open
Crot
Almgl
Vib
Perc 3
Davul
Bass Darbuka
Solo Vl 2
Vl I div in 3
Vl II div in 3
(pizz)
Vla
div in 3
arco
poco vib
Vc
poco vib
Db
poco vib

17
Solo Vl 1
Solo Vl 2
Vl I div in 3
Vl II div in 3
(pizz)
Vla div in 3
Vc
Db
25
Bass Cl
Cbn
1.3 Hn (F) 2.4
Tpt 1–3 (C)
Tbne 1–3
Tuba
Crot
Almgl
Vib
Davul
B Darb
Perc 3
Solo Vl 1
Solo Vl 2
Vl I div in 3
Vl II div in 3
(pizz)
Vla div in 3
unis arco
Vc
div
div in 3
div in 3 pizz
Db
div in 3 pizz

35
Fl 1–3
Ob 1.2
Cl 1.2 (B♭)
Bass Cl
Bsn 1.2
Cbn
1.3
Hn (F)
2.4
Tbne 1–3
Tuba
Timp
Perc
Almgl
Vib
Davul
B Darb
Solo Vl 1
Solo Vl 2
Vl I
Vl II
Vla
Vc div in 6
Db div in 3
muted (straight)
div in 2
(pizz)
div in 4

43
Fl 1.2
Ob 1.2
Cl 1.2 (B♭)
Bass Cl
Bsn 1.2
Cbn
Hn (F) 1.3
2.4
muted
Tbne 1–3
(muted)
Tuba
muted (straight)
Timp
Perc 2
Almgl
3
Vib
Solo Vl 1
Solo Vl 2
Vl I
Vl II div in 3
(pizz)
Vla
Vc
Tutti div in 3 pizz
Db

51
Fl 1.2
Ob 1.2
C Ang
Cl 1.2 (B♭)
Bass Cl
Bsn 1.2
Cbn
1.3
Hn (F)
2.4
Tpt 1.2 (C)
Tbne 1–3
Tuba
Timp
Perc 3
Solo Vl 1
Solo Vl 2
Vl I
Vl II div in 3
Vla
Vc div in 3
Db
(muted)
mutes off
muted
Crot
Almgl
Vib
Davul
B Darb
arco
div in 2
div
(pizz)

59 ♩ = 69
Fl 1.2
Ob 1.2
C Ang
Cl 1.2 (B♭)
Bass Cl
Bsn 1.2
Cbn
Hn (F) 1.3 2.4
Tpt 1.2 (C)
Tbne 1–3
Tuba
Timp
Perc 1 2 3 4 5
Crot
Almgl
Vib
Davul
B Darb
Solo Vl 1
Solo Vl 2
p sub, sweetly
♩ = 69
Vl I
Vl II
Vla
Vc
Db div
a 2 open
open
(muted)
unis
arco
div in 3
pizz

68
Fl 1.2
Ob 1
C Ang
Cl 1.2 (B♭)
Bass Cl
Bsn 1.2
Cbn
Hn (F)
1.3
2.4
Tbne 1
Perc 3
Almgl
Vib
B Darb
Solo Vl 1
Solo Vl 2
Vl I
Vl II
Vla
Vc
Db
a 2
a 2 muted
(muted)
sweetly
div in 3
pizz
div in 2
arco
div

76
Fl 1–3
mp
Ob 1
C Ang
Cl 1.2 (B♭)
Bass Cl
p
mf
Bsn 1.2
(a 2)
Cbn
mp
Hn (F)
1.3
2.4
Tbne 1
Perc 5
B Darb
Solo Vl 1
ff
Solo Vl 2
Vl I
div in 3
Vl II
pizz
Vla div
unis
Vc div in 3
Db div
(pizz)

86
Fl 1.2
Ob 1.2
Cl 1.2 (B♭)
Bass Cl
Bsn 1.2
Cbn
1.3
Hn (F)
2.4
Tpt 1–3 (C)
Tbne 1–3
Tuba
Timp
1
2
Perc
3
5
Solo Vl 1
Solo Vl 2
Vl I div in 3
Vl II div in 3
Vla
Vc div in 3
Db div
a 2
open
muted
(1 muted)
(muted)
Crot
Almgl
Vib
B Darb
(pizz)
div in 2
arco
(unis)
unis

94
Bass Cl
Bsn 1.2
Kasik (or spoons)
Perc
B Darb
Solo Vl 1
Solo Vl 2
Vl I
Vl II
Vla
Vc
div
pizz
Db
div
unis
(2.2.3)
99
Fl
C Ang
Bsn
Hn (F)
Kasik
unis

104
Fl
Ob 1.2
C Ang
Cl 1.2 (B♭)
Bsn
Tpt (C)
(muted)
Perc
Kasik
B Darb
Solo Vl 1
Solo Vl 2
Vl I
Vl II
Vla
Vc
Db
(pizz)
div
108
Bsn 1.2
Cbn
(2.2.3)
Vc div
unis
(pizz)

113
Bass Cl
Bsn 1.2
Cbn
Hn (F)
1.3
2.4
Tpt 1.2 (C)
Tbne 1–3
Tuba
Timp
Perc
Solo Vl 1
Solo Vl 2
Vl I
Vl II
Vla
Vc
Db
a 2
open
(muted)
Crot
Almgl
Vib
Davul
B Darb
arco
div in 3
pizz
unis
div
ffp
fp
f
ff
sfz

121 ♩ = 52
Fl 1–3
Bass Cl
Cbn
Hn (F)
1.3
2.4
(a 2)
Tbne 1–3
(muted)
Perc
Crot
Almgl
Vib
pedal each chord
Solo Vl 1
Solo Vl 2
sweetly
♩ = 52
Vl I
Vl II
Vla
Vc
Db
div in 3
poco vib
pizz
129
Vl I div in 3
Vl II div in 3
(pizz)

135
Fl 1–3
Bass Cl
Cbn
1.3
Hn (F)
2.4
Tpt 1–3 (C)
(muted)
Tbne 1–3
(muted)
Tuba
Crot
Almgl
Vib
Perc 3
Kasik
B Darb
Solo Vl 1
Solo Vl 2
div in 2
Vl I div in 3
(pizz)
unis arco
Vl II div in 3
unis arco
Vla
Vc
Db

3

♩ = 126
Flute 1.2
a 2
fp
1
Piccolo
Oboe 1.2
Clarinet 1.2 (B♭)
Bassoon 1.2
Percussion
Xylophone
Marimba
Davul
Bass Darbuka
f
mf
Solo Violin 1
ff
Solo Violin 2
♩ = 126
Violin I
pizz
Violin II
div
unis
Viola
Cello
Double Bass

11
Fl
1
2
Picc
Ob 1.2
a 2
Cl 1.2
(B♭)
Bass Cl
Bsn 1.2
Cbn
Perc
Xyl
Mar
Davul
B Darb
Solo Vl 1
Solo Vl 2
Vl I
(pizz)
Vl II
div
unis
Vla
Vc
pizz
Db
div
unis

21
Fl
Picc
Ob 1.2
a 2
Cl 1.2 (B♭)
(a 2)
Bass Cl
Bsn 1.2
(a 2)
Cbn
Xyl
Mar
Perc
Davul
B Darb
Solo Vl 1
Solo Vl 2
Vl I
(pizz)
Vl II
div
(pizz)
unis
Vla
(pizz)
Vc
(pizz)
Db
unis
div
unis

29
(3.2.2)
(3.2.2)
GP
(3.2.2)
(2.3)
GP
Fl
1
2
Picc
Ob 1.2
Cl 1.2 (B♭)
Bass Cl
Bsn 1.2
Cbn
Perc
Kasik
Davul
Solo Vl 1
Solo Vl 2
Vl I
arco
Vl II
(pizz)
div
unis
Vla
Vc
(pizz)
Db
pizz

38
Fl
1
2
Ob 1.2
Cl (B♭)
1
2
Bass Cl
Bsn 1
Cbn
Perc
1
2
Kasik
Davul
Solo Vl 1
Solo Vl 2
port
Vl I
Vl II
Vla
Vc
Db
div
(pizz)
div
unis
unis
(pizz)

45
(3.2.2)
(3.4)
Fl
Picc
Ob 1.2
Cl (B♭)
Bass Cl
Bsn
Perc
Kasik
Davul
Solo Vl 1
Solo Vl 2
Vl I
Vl II
Vla
Vc
Db
p sub
(pizz)
div
unis

51
Fl
Ob
Cl (B♭)
Bass Cl
Bsn
Cbn
Perc
Kasik
Davul
Solo Vl 1
Solo Vl 2
Vl I
Vl II
Vla
Vc
Db
div
(pizz)
unis

57
(2.3)
♩. = 69
Fl
Ob
Cl (B♭)
Bass Cl
Bsn
Cbn
Hn (F)
Tpt 1.2 (C)
Tbne
Perc 5
Solo Vl 1
Solo Vl 2
Vl I
Vl II
Vla
Vc div
Db div
a 2 muted
muted
muted (straight)
B Darb
pizz
(pizz)
unis
div
arco

63
♩ = 126
Fl 1.2
Ob 1.2
Cl (B♭) 1
2
Bass Cl
Bsn 1.2
Cbn
Hn (F) 1.3
2.4
(a 2) (muted)
(muted)
Tpt 1.2 (C)
(muted)
Tbne 1
2.3
(muted)
Perc 5
B Darb
Solo Vl 1
Solo Vl 2
♩ = 126
Vl I
Vl II
Vla
Vc div
pizz
arco
Db
(pizz)

69
(2.2.3)
♩. = 69
Fl 1.2
Ob 1.2
Cl (B♭) 1
Cl (B♭) 2
Bass Cl
Bsn 1.2
Hn (F) 1.3
Hn (F) 2.4
Tpt 1.2 (C)
Tbne 1
Tbne 2.3
Perc 5
B Darb
Solo Vl 1
Solo Vl 2
Vl I
Vl II
Vla
Vc div
Db
(a 2) (muted)
(muted)
pizz
div
unis
arco
(pizz)

♩ = 126
75
(2.2.3)
Fl 1
Ob 1
Cl (B♭)
Bass Cl
Bsn 1.2
Hn (F)
Tpt 1.2
(C)
Tbne
(a 2) (muted)
(muted)
B Darb
Perc 5
Solo Vl 1
Solo Vl 2
Vl I
Vl II
Vla
Vc
div
Db
pizz
arco
div
(pizz)

80
(2.3)
Fl 1
Ob 1
Cl (B♭)
Bass Cl
Bsn
Cbn
Perc 5
B Darb
Solo Vl 1
Solo Vl 2
Vl I
Vl II
Vla div
Vc div
Db
pizz
arco
unis
div
(pizz)

♩= 90
86
Fl
Ob
Cl (B♭)
Bass Cl
Bsn
Cbn
Tbne 3
(muted)
Tuba
(muted)
Perc
B Darb
Kasik
Solo Vl 1
Solo Vl 2
sul G
♩= 90
Vl I
(pizz)
Vl II
(pizz)
Vla
pizz
arco
Vc
arco
Db
div
arco
arco

93
Bass Cl
Bsn 1.2
Cbn
Tbne 3
Tuba
Perc
Kasik
B Darb
Solo Vl 1
Solo Vl 2
Vla
Vc
Db div
(muted)
a 2
101
ord

108
Fl
Picc
Ob 1.2
C Ang
Cl (B♭)
Bass Cl
Bsn 1.2
a 2
Cbn
Tbne 3
(muted)
Tuba
(muted)
Perc
Kasik
B Darb
Solo Vl 1
Solo Vl 2
Vl I
Vl II
Vla
Vc
Db
div

♩ = 120
114
Fl
Picc
a 2
Ob 1.2
C Ang
Cl (B♭)
Bass Cl
Bsn 1.2
Cbn
open
Hn (F)
Tpt 2 (C)
Kasik
Xyl
Mar
Perc 3
Davul
B Darb
pizz
div
unis
arco
Vl I
Vl II
Vla
Vc
Db

120
♩= 180
Fl 1
Fl 2
Picc
Ob 1.2
(a 2)
C Ang
Cl (B♭) 1
Cl (B♭) 2
Bass Cl
Bsn 1.2
Cbn
Hn (F) 1.3
Hn (F) 2.4
Tpt 3 (C)
Tbne 3
Tuba
Kasik
Xyl
Mar
Davul
B Darb
Perc 1
Perc 2
Perc 3
Perc 4
Perc 5
Solo Vl 1
Solo Vl 2
unis
(pizz)
div
sul pont
ord
pizz
Vl I
Vl II
Vla
Vc div
Db

127
Fl 1.2
Picc
Ob 1.2
Cl (B♭) 1
2
Bass Cl
Bsn 1.2
Cbn
Hn (F) 1.3
2.4
Tpt 1–3 (C)
Tbne 3
Tuba
Perc 1
2
3
4
5
Kasik
Xyl
Mar
Davul
B Darb
Solo Vl 1
Solo Vl 2
Vl I
Vl II
Vla div
Vc
Db
a 2
(muted)
div
unis
(pizz)
pizz
arco

134
Fl 1.2
(a 2)
Picc
Ob 1.2
a 2
Cl 1.2 (B♭)
Bass Cl
Bsn 1.2
Cbn
1.3
Hn (F)
2.4
Tpt 1–3 (C)
a 3
Tbne 1
(muted)
Tuba
Perc
Kasik
Xyl
Mar
B Darb
Solo Vl 1
Solo Vl 2
Vl I
unis arco sul pont
Vl II
(pizz)
Vla
Vc
Db

for Vadim Repin, Daniel Hope, Sascha Goetzel and the Borusan Istanbul Philharmonic Orchestra

4

27
GP
Fl 1
Ob 1
Bass Cl
1
Bsn
2
Cbn
1
Hn (F)
3
Solo Vl 1
Solo Vl 2
GP
(muted)
pizz
Vl I
Vl II
Vla
Vc
muted
Db
arco
35
(muted)

41
Solo Vl 1
Solo Vl 2
(muted)
Vl I
Vl II
Vla
Vc
Db
47
GP
Fl 1
Ob 1.2
Bass Cl
Bsn
Cbn
Hn (F)
pizz
div
arco

56
Fl 1.2
a 2
pp
mf
(3.2)
(2.3)
Picc
mf
p
Ob 1.2
C Ang
pp
Cl 1.2
(B♭)
a 2
pp
Bass Cl
p
Bsn 1.2
a 2
pp
Cbn
mf
pp
1.3
Hn (F)
2.4
a 2
pp
Tuba
muted (straight)
pp
Perc 4
Bass drum
ppp
Solo Vl 1
ff
mf
Solo Vl 2
ff
mf
Vl I
(3.2)
(2.3)
Vl II
Vla
Vc
(muted)
arco
pp
Db
(muted)
mf
pp

62
(3.2)
a 2
Fl 1.2
Picc
Ob 1.2
C Ang
Cl 1.2
(B♭)
(a 2)
Bass Cl
Bsn 1.2
Cbn
1.3
Hn (F)
2.4
(muted)
Tuba
BD
Perc 4
Solo Vl 1
Solo Vl 2
arco
(muted)
Vl I
Vl II
Vla
Vc
Db

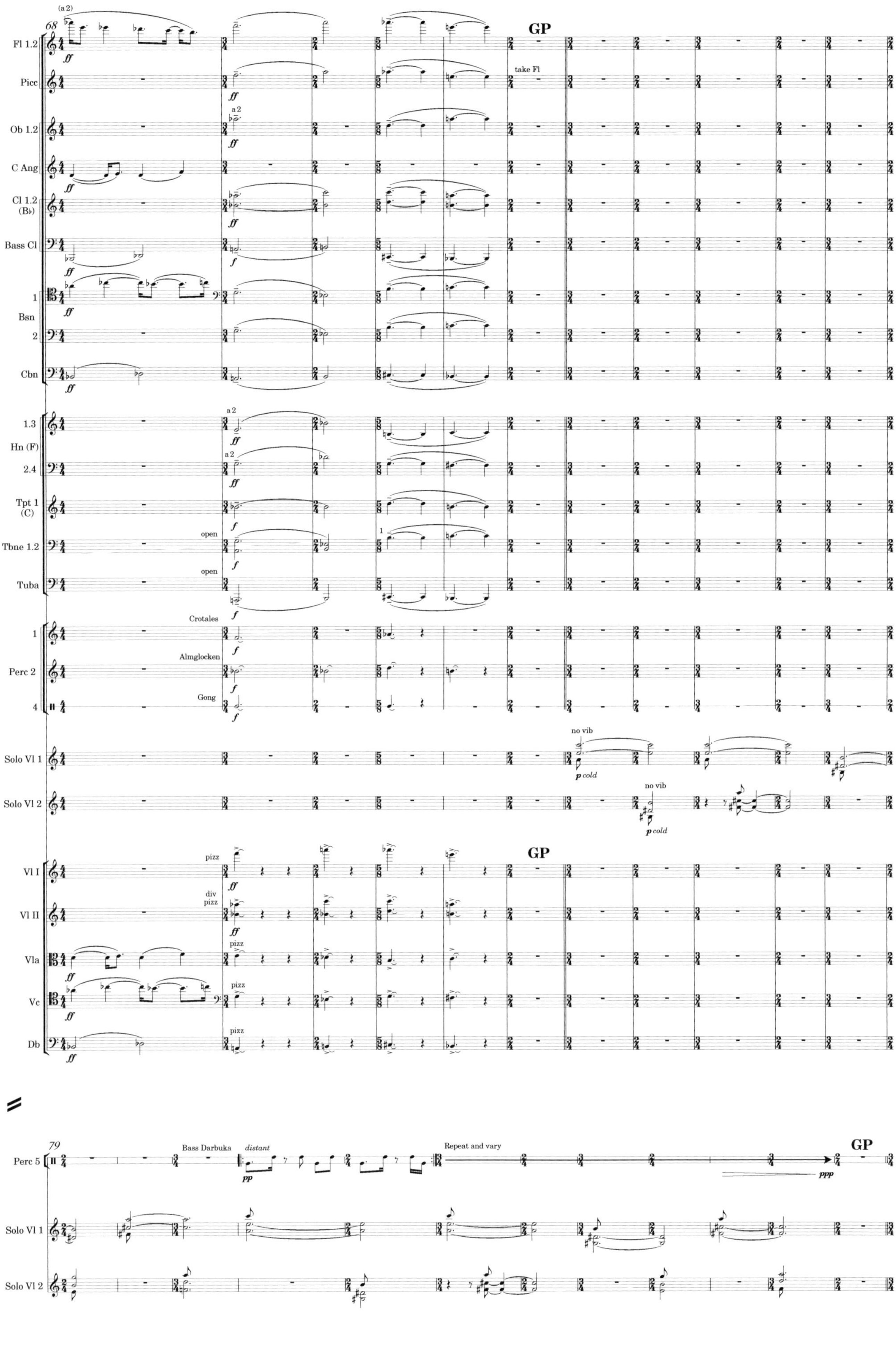
68
(a 2)
Fl 1.2
Picc
take Fl
Ob 1.2
a 2
C Ang
Cl 1.2 (B♭)
Bass Cl
Bsn 1 2
Cbn
Hn (F) 1.3 2.4
a 2
Tpt 1 (C)
Tbne 1.2
open
Tuba
Crotales
Almglocken
Gong
Perc 1 2 4
Solo Vl 1
Solo Vl 2
no vib
p cold
GP
Vl I
Vl II
Vla
Vc
Db
pizz
div pizz
79
Perc 5
Bass Darbuka
distant
pp
Repeat and vary
ppp

91
Fl 1–3
no vib
p cold
Ob 1.2
Cl 1.2 (B♭)
no vib
pp cold
Bass Cl
no vib
pp cold
Bsn 1.2
no vib
pp cold
Cbn
no vib
pp cold
1.3
Hn (F)
2.4
a 2 muted
p
muted
p
Tpt 1–3 (C)
muted (harmon)
pp
Tbne 1–3
muted (straight)
pp
Perc
1
Crot
pp
3
Vibraphone
p
4
Gong
pp
5
B Darb
distant
pp
ppp
Solo Vl 1
mf
Solo Vl 2
mf
Vl I
div in 3
arco (muted)
no vib
pp
Vl II
arco
(muted)
no vib
pp
div
in 4
pizz
(muted)
p
Vla
div
arco
(muted)
no vib
pp
div
pizz
(muted)
p
unis
div
unis
Vc
div in 3
arco (muted)
no vib
pp
Db
pizz
(muted)
p
div
arco
(muted)
no vib
pp

96
Fl 1–3
Ob 1.2
Cl 1.2 (B♭)
Bass Cl
Bsn 1.2
Cbn
1.3
Hn (F)
2.4
(a 2 muted)
(muted)
a 2
Tpt 1–3 (C)
(muted)
Crot
Vib
Gong
Perc
Solo Vl 1
Solo Vl 2
Vl I div in 3
Vl II div in 4
(pizz)
Vla div
div
unis
Vc div in 3
Db div